JANDERSON DANTAS

NEGÓCIO DO FUTURO

Todos os direitos reservados. 2024

INÍCIO

QUEM SOU EU?

Sou Janderson Dantas, um empreendedor e consultor de marketing digital com sólida experiência em ajudar empresas a crescer e prosperar no competitivo mercado atual. Minha carreira é marcada por uma abordagem inovadora e prática, e sou especializado em estratégias de marketing digital, desenvolvimento de marcas e construção de sites eficazes.

Comecei minha jornada empreendedora há mais de uma década, fundando e gerindo várias empresas de sucesso. Minha paixão por ajudar outros empreendedores a alcançar seus objetivos me levou a me especializar em marketing digital, onde me destaco na otimização da presença online de empresas, no desenvolvimento de estratégias eficazes de marketing e na garantia de que cada cliente alcance seu máximo potencial.

Sou conhecido pelo meu compromisso com a excelência e pela capacidade de transformar desafios em oportunidades. Acredito que, com a combinação certa de estratégia, inovação e dedicação, qualquer negócio pode alcançar novos patamares de sucesso.

Empreenda com Sucesso: Estratégias Para Vender Mais e Crescer

INÍCIO

QUEM SOU EU?

Além da minha prática profissional, também sou palestrante ativo e autor de diversos artigos e guias sobre marketing digital e gestão de negócios. Meu trabalho é amplamente reconhecido por fornecer insights práticos e acionáveis que ajudam empreendedores a navegar pelo complexo mundo dos negócios e alcançar resultados notáveis.

Se você deseja aprofundar seus conhecimentos em marketing digital e gestão de negócios, ou se está procurando orientação especializada para seu empreendimento, sou um recurso valioso e confiável na sua jornada empreendedora.

Empreenda com Sucesso: Estratégias Para Vender Mais e Crescer

ISENÇÃO DE RESPONSABILIDADE

Este e-book foi escrito apenas para fins informativos. Todos os esforços foram feitos para tornar este e-book o mais completo e preciso possível.

O objetivo deste e-book é educar. O autor não garante que as informações contidas neste e-book sejam totalmente completas e não será responsável por quaisquer erros ou omissões. O autor não terá responsabilidade para com qualquer pessoa ou entidade com relação a qualquer perda ou dano causado ou alegadamente causado direta ou indiretamente por este e-book.

AVISO LEGAL

Este livro é protegido por direitos autorais. Isso é apenas para uso pessoal. Você não pode alterar, distribuir, vender, usar, citar ou parafrasear qualquer parte ou o conteúdo deste livro sem o consentimento do autor. Se isso for violado, uma ação legal será iniciada.

Todos os direitos reservados. 2024

INTRODUÇÃO

Bem-vindo ao "Empreenda com Sucesso: Estratégias Para Vender Mais e Crescer"! Este e-book foi criado para ajudar você a começar sua jornada empreendedora na França. Vamos abordar os passos essenciais para iniciar seu próprio negócio, desde a ideia inicial até a criação de um site web, que é fundamental para o sucesso nos dias de hoje.

Empreenda com Sucesso: Estratégias Para Vender Mais e Crescer

CAPÍTULO 1
DEFININDO SUA IDEIA DE NEGÓCIO

Empreenda com Sucesso: Estratégias Para Vender Mais e Crescer

1.1 IDENTIFIQUE SUAS PAIXÕES E HABILIDADES

> **INICIAR UM NEGÓCIO BEM-SUCEDIDO COMEÇA COM A ESCOLHA DE UMA IDEIA QUE COMBINE SUAS PAIXÕES E HABILIDADES.**

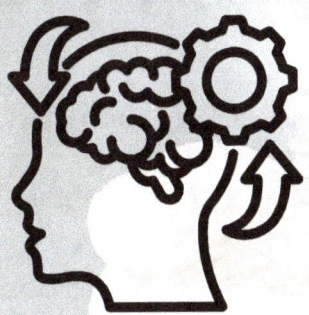

Quando você trabalha em algo que ama e é bom, a probabilidade de sucesso e satisfação aumenta significativamente. Este capítulo vai ajudá-lo a identificar essas paixões e habilidades e a explorar oportunidades de mercado onde elas possam ser aplicadas.

PENSE NO QUE VOCÊ AMA FAZER

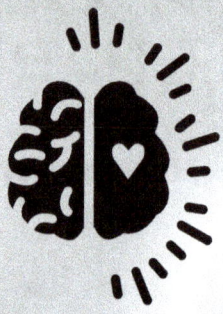

Para identificar suas paixões, comece refletindo sobre suas atividades e interesses favoritos. Pergunte a si mesmo:

Quais são os hobbies que me fazem perder a noção do tempo?

Que tipo de atividades eu faria de graça?

Que temas eu adoro aprender e sobre os quais gosto de conversar?

Listar suas paixões é o primeiro passo para encontrar uma ideia de negócio que você vai adorar. Essas paixões são o combustível que mantém você motivado mesmo quando surgem desafios. Por exemplo, se você adora cozinhar, talvez um negócio relacionado à alimentação seja uma boa escolha. Se você ama viajar, considerar uma agência de viagens ou um blog de viagens pode ser interessante.

IDENTIFIQUE SUAS HABILIDADES

Além das paixões, é essencial considerar suas habilidades. Pense nas coisas que você faz bem, que os outros reconhecem como pontos fortes seus. Pergunte a si mesmo:

Quais são minhas habilidades profissionais e técnicas?

Que tarefas ou projetos recebo elogios?
•
Quais são minhas habilidades de resolução de problemas?
Analisar suas habilidades permite que você tenha uma base sólida sobre a qual construir seu negócio. Essas habilidades podem ser técnicas, como programação ou design gráfico, ou interpessoais, como comunicação e liderança. Elas são os blocos de construção que sustentam a operação do seu negócio.

COMBINE SUAS PAIXÕES COM OPORTUNIDADES DE MERCADO

Agora que você identificou suas paixões e habilidades, o próximo passo é combiná-las com oportunidades de mercado. Uma ideia de negócio bem-sucedida precisa atender a uma demanda real. Aqui estão alguns passos para encontrar essa combinação perfeita:

1. Pesquise o Mercado: Analise o mercado para identificar lacunas e oportunidades. Utilize ferramentas como Google Trends, relatórios de mercado e análise de concorrentes para entender o que está em alta demanda. Verifique se há um público-alvo disposto a pagar por produtos ou serviços relacionados às suas paixões e habilidades.

2. Teste sua Ideia: Antes de investir tempo e dinheiro, valide sua ideia. Isso pode ser feito conversando com potenciais clientes, criando uma página de pré-venda ou um protótipo. Obtenha feedback e ajuste sua ideia conforme necessário.

3. Analise a Viabilidade Financeira: Certifique-se de que sua ideia é financeiramente viável. Faça um levantamento dos custos iniciais, projete receitas e despesas, e estime o tempo necessário para alcançar a lucratividade. Um plano financeiro sólido ajuda a garantir que você não vai enfrentar problemas financeiros inesperados.

4. Considere a Escalabilidade: Pense em como seu negócio pode crescer. Ideias escaláveis permitem que você aumente a receita sem aumentar proporcionalmente os custos. Considere modelos de negócios que possam ser replicados ou expandidos com facilidade.

Empreenda com Sucesso: Estratégias Para Vender Mais e Crescer

EXEMPLO PRÁTICO:

Vamos supor que você ama jardinagem e tem habilidades em design paisagístico. Você pode explorar várias oportunidades de mercado:

Serviço de Design de Jardins: Oferecer serviços personalizados de design de jardins para residências e empresas. Isso combina sua paixão pela jardinagem com suas habilidades de design.

Loja Online de Produtos de Jardinagem: Criar uma loja online vendendo plantas, ferramentas e acessórios de jardinagem. Isso atende à demanda crescente por jardinagem doméstica.

Blog ou Canal no YouTube: Compartilhar dicas e tutoriais sobre jardinagem e design paisagístico. Isso pode gerar receita através de anúncios, parcerias e vendas de produtos afiliados.

Ao combinar sua paixão pela jardinagem com suas habilidades em design e identificar oportunidades de mercado, você cria uma base sólida para um negócio bem-sucedido e gratificante.

Conclusão
Identificar suas paixões e habilidades é um passo crucial para definir sua ideia. Quando você trabalha em algo que ama e no qual é bom, a jornada empreendedora se torna mais satisfatória e as chances de sucesso aumentam.

Empreenda com Sucesso: Estratégias Para Vender Mais e Crescer

1.2 PESQUISE O MERCADO

UMA PESQUISA DE MERCADO EFICAZ É FUNDAMENTAL PARA O SUCESSO DO SEU NEGÓCIO. ESTE PROCESSO ENVOLVE ANALISAR A DEMANDA E A CONCORRÊNCIA, BEM COMO IDENTIFICAR SEU PÚBLICO-ALVO.

COMPREENDER ESSES ELEMENTOS PERMITE QUE VOCÊ TOME DECISÕES INFORMADAS E CRIE UMA ESTRATÉGIA SÓLIDA PARA LANÇAR E EXPANDIR SEU NEGÓCIO.

Empreenda com Sucesso: Estratégias Para Vender Mais e Crescer

ANALISE A DEMANDA E A CONCORRÊNCIA

1. Analise a Demanda

Para garantir que seu negócio tenha sucesso, é crucial que haja uma demanda real pelos seus produtos ou serviços. Aqui estão algumas etapas para analisar a demanda:

Pesquisas Online: Utilize ferramentas como Google Trends para ver o volume de buscas relacionadas ao seu setor. Isso ajuda a identificar se há interesse crescente ou declinante por determinados produtos ou serviços.

Redes Sociais: Monitore conversas em redes sociais para ver o que as pessoas estão falando sobre o seu nicho. Plataformas como Twitter, Facebook e Instagram são ótimas para entender as tendências e as necessidades dos consumidores.

Pesquisas e Questionários: Crie pesquisas e questionários para entender melhor o que os potenciais clientes procuram. Utilize ferramentas como Google Forms ou SurveyMonkey e compartilhe-as em grupos relevantes ou com contatos que podem estar interessados.

Empreenda com Sucesso: Estratégias Para Vender Mais e Crescer

2. Analise a Concorrência

Entender a concorrência é essencial para diferenciar seu negócio e identificar oportunidades de mercado. Aqui estão algumas maneiras de analisar a concorrência:

Identifique os Principais Concorrentes: Faça uma lista dos principais concorrentes no seu setor. Isso inclui empresas que oferecem produtos ou serviços semelhantes aos seus.

Estude os Concorrentes: Visite os sites, blogs e redes sociais dos concorrentes para entender como eles se posicionam no mercado. Anote suas forças e fraquezas, estratégias de marketing, preços e feedback dos clientes.

Avalie a Proposta de Valor: Compare a proposta de valor dos concorrentes com a sua. Identifique o que você pode oferecer de diferente ou melhor para atrair clientes.

Empreenda com Sucesso: Estratégias Para Vender Mais e Crescer

IDENTIFIQUE SEU PÚBLICO-ALVO

DEFINIR CLARAMENTE SEU PÚBLICO-ALVO É VITAL PARA DIRECIONAR SUAS ESTRATÉGIAS DE MARKETING E VENDAS DE FORMA EFICAZ. SEGMENTAR CORRETAMENTE SEU PÚBLICO PERMITE QUE VOCÊ CRIE MENSAGENS MAIS PERSONALIZADAS E RELEVANTES. AQUI ESTÃO OS PASSOS PARA IDENTIFICAR SEU PÚBLICO-ALVO:

1. Defina Perfis Demográficos

Comece identificando características demográficas básicas do seu público-alvo:

Idade: Determine a faixa etária que mais se beneficia do seu produto ou serviço.

Gênero: Identifique se seu produto é mais voltado para homens, mulheres ou ambos.

Localização: Considere onde seu público-alvo está localizado. Isso pode ser relevante se você planeja atuar localmente ou globalmente.

Renda: Entenda a faixa de renda do seu público-alvo para definir uma estratégia de precificação adequada.

Empreenda com Sucesso: Estratégias Para Vender Mais e Crescer

IDENTIFIQUE SEU PÚBLICO-ALVO

2. Entenda os Aspectos Psicográficos
Os aspectos psicográficos ajudam a aprofundar sua compreensão do público-alvo:

Interesses e Hobbies: Quais são os interesses e hobbies comuns do seu público? Isso pode ajudar a criar conteúdo e campanhas de marketing mais atraentes.

Estilo de Vida: Considere o estilo de vida do seu público-alvo, como hábitos de compra, preferências de lazer e valores.

Comportamento de Compra: Analise como seu público-alvo toma decisões de compra. Eles preferem comprar online ou em lojas físicas? Eles valorizam a qualidade, o preço ou a marca?

3. Crie Personas
Com as informações demográficas e psicográficas, crie personas detalhadas. Personas são representações fictícias do seu cliente ideal, baseadas em dados reais e insights. **Aqui está um exemplo de persona:**
Nome: Ana, a Jovem Empreendedora
Idade: 28 anos
Localização: Paris, França
Ocupação: Proprietária de uma startup de moda sustentável
Interesses: Moda, sustentabilidade, empreendedorismo, tecnologia

Empreenda com Sucesso: Estratégias Para Vender Mais e Crescer

1.3 VALIDE SUA IDEIA

VALIDAR SUA IDEIA DE NEGÓCIO É UMA ETAPA CRUCIAL PARA GARANTIR QUE ELA TENHA UMA BASE SÓLIDA ANTES DE INVESTIR TEMPO E RECURSOS SIGNIFICATIVOS. ISSO ENVOLVE TESTAR SUA IDEIA NO MERCADO REAL.

A VALIDAÇÃO AJUDA A IDENTIFICAR PONTOS FORTES E FRACOS, AUMENTANDO AS CHANCES DE SUCESSO DO SEU EMPREENDIMENTO.

CONVERSE COM POTENCIAIS CLIENTES

1. Identifique Potenciais Clientes
Antes de começar a coletar feedback, identifique quem são os potenciais clientes. Eles devem representar o público-alvo definido anteriormente. Utilize canais como redes sociais, fóruns online, eventos de networking e grupos de interesse para encontrar essas pessoas.

2. Realize Entrevistas
Entrevistas pessoais são uma excelente maneira de obter insights profundos. Aqui estão algumas dicas para conduzi-las:

Prepare Perguntas: Crie uma lista de perguntas abertas que ajudem a entender as necessidades, dores e desejos dos potenciais clientes. Evite perguntas que possam levar a respostas de "sim" ou "não".

Escolha o Ambiente Certo: Realize entrevistas em um ambiente confortável e tranquilo para garantir que os entrevistados se sintam à vontade para compartilhar suas opiniões.

Ouça Ativamente: Preste atenção nas respostas e faça perguntas de seguimento para obter mais detalhes. Mostre interesse genuíno no que eles estão dizendo.

Empreenda com Sucesso: Estratégias Para Vender Mais e Crescer

3. UTILIZE PESQUISAS E QUESTIONÁRIOS

Além das entrevistas, utilize pesquisas e questionários para coletar **feedback** de um número maior de pessoas. Ferramentas online como Google Forms, SurveyMonkey ou Typeform podem ser usadas para criar e distribuir suas pesquisas. Certifique-se de que as perguntas sejam claras e que a pesquisa não seja muito longa para evitar o abandono.

Teste Protótipos ou Versões Beta
Se possível, crie protótipos ou versões beta do seu produto ou serviço e ofereça-os a um grupo seleto de potenciais clientes. Observe como eles interagem com o produto e peça feedback específico sobre a usabilidade, funcionalidades e valor percebido.

Participe de Feiras e Eventos
Feiras e eventos do setor são ótimos lugares para testar sua ideia com um público interessado. Monte um estande ou participe como visitante, apresentando sua ideia e coletando feedback diretamente dos participantes.

Empreenda com Sucesso: Estratégias Para Vender Mais e Crescer

AJUSTE SUA IDEIA COM BASE NO FEEDBACK

1. Analise o Feedback Recebido

Depois de coletar o feedback, analise as respostas para identificar padrões e tendências. Preste atenção especial aos seguintes pontos:

Necessidades e Dores: Quais são as necessidades mais comuns mencionadas? Quais problemas seu produto ou serviço pode resolver?

Aspectos Positivos: O que os potenciais clientes gostaram na sua ideia? Quais são os pontos fortes percebidos?

Sugestões de Melhoria: Quais críticas e sugestões de melhoria foram feitas? Há funcionalidades adicionais que os clientes gostariam de ver?

2. Priorize as Mudanças Necessárias

Com base na análise do feedback, priorize as mudanças que precisam ser feitas. Considere os seguintes fatores ao definir as prioridades:

Impacto: Qual o impacto da mudança na satisfação do cliente e no sucesso do produto?

Viabilidade: Qual a viabilidade técnica e financeira de implementar a mudança?

Urgência: Quão urgente é a mudança para atender às necessidades dos clientes e aproveitar oportunidades de mercado?

Empreenda com Sucesso: Estratégias Para Vender Mais e Crescer

DESENVOLVA UM MVP (PRODUTO MÍNIMO VIÁVEL)

Se possível, desenvolva um MVP que contenha apenas as funcionalidades essenciais do seu produto ou serviço. Isso permite que você lance rapidamente e continue coletando feedback real do mercado. Um MVP ajuda a minimizar riscos e a adaptar-se rapidamente às necessidades dos clientes.

Conclusão
Validar sua ideia de negócio conversando com potenciais clientes e ajustando-a com base no feedback é fundamental para aumentar suas chances de sucesso. Esse processo iterativo garante que você está desenvolvendo um produto ou serviço que realmente atende às necessidades do mercado. Com uma ideia validada, você estará mais confiante e preparado para lançar seu negócio e alcançar resultados positivos.

Empreenda com Sucesso: Estratégias Para Vender Mais e Crescer

Anotações

Empreenda com Sucesso: Estratégias Para Vender Mais e Crescer

Anotações

Empreenda com Sucesso: Estratégias Para Vender Mais e Crescer

2.1 CRIE UM PLANO DE NEGÓCIOS

UM PLANO DE NEGÓCIOS BEM ELABORADO É A ESPINHA DORSAL DE QUALQUER EMPREENDIMENTO BEM-SUCEDIDO. ELE SERVE COMO UM GUIA PARA A SUA EMPRESA E É ESSENCIAL PARA ATRAIR INVESTIDORES E GARANTIR FINANCIAMENTO.

Vamos abordar como descrever sua empresa e objetivos, bem como planejar suas finanças.

Empreenda com Sucesso: Estratégias Para Vender Mais e Crescer

DESCREVA SUA EMPRESA E OBJETIVOS

Visão Geral da Empresa:
Nome da Empresa: Escolha um nome que reflita a essência do seu negócio.
Localização: Defina onde sua empresa estará sediada.
Estrutura: Descreva a estrutura da empresa (proprietário único, parceria, etc.).

Missão e Visão:
Missão: Articule a razão de ser da sua empresa. O que você pretende alcançar e como planeja fazer isso?
Visão: Descreva onde você vê sua empresa no futuro. Quais são seus objetivos de longo prazo?

Produtos e Serviços:
Descrição: Detalhe os produtos ou serviços que você oferecerá.
Benefícios: Explique os benefícios que seu produto ou serviço trará para os clientes.

Análise de Mercado:
Pesquisa de Mercado: Resuma a pesquisa de mercado realizada.
Público-Alvo: Descreva seu público-alvo com base em dados demográficos e psicográficos.

Estratégia de Marketing:
Posicionamento: Explique como você pretende posicionar seu produto ou serviço no mercado.
Promoção: Detalhe as estratégias de marketing que serão usadas para promover seu negócio.

Empreenda com Sucesso: Estratégias Para Vender Mais e Crescer

PLANEJE SUAS FINANÇAS: CUSTOS INICIAIS E PROJEÇÕES DE RECEITAS

Custos Iniciais:
Equipamentos e Materiais: Liste todos os equipamentos e materiais necessários para iniciar o negócio.
Locação e Renovação: Inclua os custos de aluguel do espaço e quaisquer renovações necessárias.
Licenças e Permissões: Relacione as licenças e permissões necessárias para operar legalmente.
Marketing Inicial: Estime os custos das atividades de marketing para o lançamento.

Projeções de Receitas:
Preços: Defina a estrutura de preços para seus produtos ou serviços.
Volume de Vendas: Estime o volume de vendas esperado no primeiro ano.
Receitas Mensais: Projete as receitas mensais com base nas vendas estimadas.
Lucros e Perdas: Prepare uma demonstração de lucros e perdas, mostrando a receita esperada menos os custos operacionais.

Empreenda com Sucesso: Estratégias Para Vender Mais e Crescer

ESTRUTURA LEGAL

ESCOLHER A ESTRUTURA LEGAL CORRETA PARA O SEU NEGÓCIO É ESSENCIAL PARA A CONFORMIDADE JURÍDICA E PARA PROTEGER SEUS INTERESSES. VAMOS EXPLORAR AS PRINCIPAIS OPÇÕES DISPONÍVEIS NA FRANÇA E O PROCESSO DE REGISTRO DA SUA EMPRESA.

Autoempreendedor:
Vantagens: Simplicidade na criação e gestão, regime fiscal simplificado.
Desvantagens: Limitação de faturamento anual, responsabilidade pessoal ilimitada.

SARL (Société à Responsabilité Limitée):
Vantagens: Proteção de bens pessoais, regime fiscal flexível.
Desvantagens: Processo de criação mais complexo, requisitos de capital inicial.

SAS (Société par Actions Simplifiée):
Vantagens: Flexibilidade na gestão, ideal para startups e parcerias.
Desvantagens: Custos de criação e operação mais elevados, requisitos de governança corporativa.

Empreenda com Sucesso: Estratégias Para Vender Mais e Crescer

REGISTRE SUA EMPRESA NO SITE DO GOVERNO FRANCÊS

Documentação Necessária:
Identificação: Documentos de identificação do(s) fundador(es).
Endereço: Comprovante de endereço da sede da empresa.
Estatutos: Estatutos da empresa, detalhando a estrutura e as operações.

Processo de Registro:
Online: Acesse o site oficial para registro de empresas na França.
Formulário: Preencha o formulário de registro com todas as informações necessárias.
Taxas: Pague as taxas de registro aplicáveis.
Confirmação: Após a submissão e aprovação, você receberá um certificado de registro confirmando a legalidade da sua empresa.

Empreenda com Sucesso: Estratégias Para Vender Mais e Crescer

FONTES DE FINANCIAMENTO

GARANTIR FINANCIAMENTO É UMA ETAPA CRUCIAL PARA INICIAR E EXPANDIR SEU NEGÓCIO. EXISTEM VÁRIAS FONTES DE FINANCIAMENTO DISPONÍVEIS, CADA UMA COM SUAS VANTAGENS E DESVANTAGENS. VAMOS EXPLORAR AS PRINCIPAIS OPÇÕES.

Explore Opções de Financiamento
Economias Pessoais:
Vantagens: Controle total sobre o dinheiro, sem dívidas ou investidores.
Desvantagens: Risco pessoal elevado, possível limitação do capital disponível.

Empréstimos Bancários:
Vantagens: Acesso a capital substancial, termos de pagamento estruturados.
Desvantagens: Necessidade de garantia, juros e custos adicionais, critérios de qualificação rigorosos.

Crowdfunding:
Vantagens: Validação da ideia de negócio, marketing inicial através da campanha.
Desvantagens: Recompensas para apoiadores, sucesso incerto da campanha, taxa de plataforma.

Empreenda com Sucesso: Estratégias Para Vender Mais e Crescer

DICAS PARA ATRAÇÃO DE INVESTIMENTOS

Prepare um Pitch Sólido:
Clareza: Explique claramente o problema que seu negócio resolve.
Solução: Detalhe como seu produto ou serviço é a solução ideal.
Mercado: Demonstre a oportunidade de mercado e o potencial de crescimento.

Projeções Financeiras:
Precisão: Apresente projeções financeiras realistas e bem fundamentadas.
Riscos e Mitigações: Identifique possíveis riscos e as estratégias para mitigá-los.

Rede de Contatos:
Networking: Participe de eventos e feiras para conhecer potenciais investidores.

Recomendações: Utilize sua rede de contatos para obter recomendações e apresentações a investidores.

Empreenda com Sucesso: Estratégias Para Vender Mais e Crescer

Anotações

Empreenda com Sucesso: Estratégias Para Vender Mais e Crescer

Anotações

Empreenda com Sucesso: Estratégias Para Vender Mais e Crescer

CAPÍTULO 3
DESENVOLVIMENTO DO PRODUTO OU SERVIÇO

Empreenda com Sucesso: Estratégias Para Vender Mais e Crescer

DESIGN E DESENVOLVIMENTO

DESENVOLVER UM PRODUTO OU SERVIÇO QUE ATENDA ÀS NECESSIDADES DO MERCADO É UMA TAREFA CRÍTICA. ISSO ENVOLVE CRIAR PROTÓTIPOS OU VERSÕES INICIAIS, TESTÁ-LOS E REFINÁ-LOS COM BASE NO FEEDBACK DOS USUÁRIOS. VAMOS EXPLORAR ESSES PASSOS EM DETALHES.

Crie Protótipos ou Versões Iniciais
Ideação e Conceito:
Brainstorming: Reúna sua equipe para gerar ideias e conceitos inovadores para o produto ou serviço. Considere as necessidades e desejos do público-alvo.
Esboços e Diagramas: Transforme ideias em esboços e diagramas para visualizar o design e a funcionalidade do produto.

Empreenda com Sucesso: Estratégias Para Vender Mais e Crescer

DESENVOLVIMENTO DE PROTÓTIPOS

Protótipo de Baixa Fidelidade: Crie protótipos simples e baratos, como maquetes de papel ou modelos 3D digitais, para testar conceitos iniciais.

Protótipo de Alta Fidelidade: Desenvolva protótipos mais detalhados e funcionais, utilizando materiais e tecnologias que se aproximam do produto final. Isso pode incluir impressões 3D, software de simulação ou produção em pequena escala.

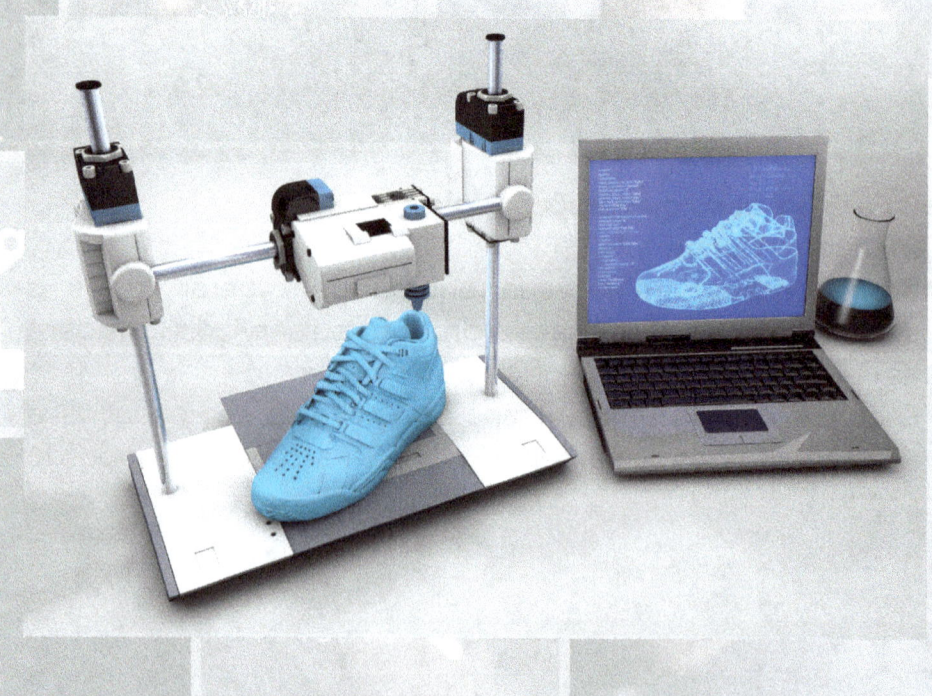

Empreenda com Sucesso: Estratégias Para Vender Mais e Crescer

DESENVOLVIMENTO ITERATIVO

Ciclos de Desenvolvimento: Utilize ciclos iterativos de desenvolvimento, onde o produto é constantemente melhorado com base no feedback e nos testes realizados.

Documentação: Mantenha documentação detalhada de todas as iterações e mudanças feitas durante o desenvolvimento para referência futura e para ajudar na resolução de problemas.

Teste e Refine Seu Produto/Serviço
Teste com Usuários Reais:
Grupo de Teste: Selecione um grupo representativo de usuários para testar o protótipo. Isso pode incluir potenciais clientes, parceiros de negócios ou especialistas do setor.

Coleta de Feedback: Utilize métodos como entrevistas, pesquisas, grupos focais e observações diretas para coletar feedback detalhado dos usuários. Pergunte sobre a usabilidade, funcionalidade e valor percebido do produto.

Análise de Feedback:
Identificação de Problemas: Analise o feedback para identificar problemas recorrentes e áreas de melhoria. Classifique-os por ordem de importância e impacto no produto.

Soluções Propostas: Desenvolva soluções para os problemas identificados e priorize as mudanças que terão maior impacto positivo.

Empreenda com Sucesso: Estratégias Para Vender Mais e Crescer

PRECIFICAÇÃO

DETERMINAR O PREÇO CERTO PARA SEU PRODUTO OU SERVIÇO É ESSENCIAL PARA GARANTIR A VIABILIDADE FINANCEIRA E O SUCESSO NO MERCADO.

Empreenda com Sucesso: Estratégias Para Vender Mais e Crescer

DETERMINE OS CUSTOS DE PRODUÇÃO

Custos Fixos:
Infraestrutura: Inclua custos como aluguel de espaço, utilidades, seguros e manutenção.
Equipamentos: Considere os custos de aquisição e depreciação de máquinas e equipamentos necessários para a produção.
Salários: Inclua os salários dos funcionários permanentes, incluindo benefícios e impostos trabalhistas.

Custos Variáveis:
Materiais: Calcule o custo de todos os materiais necessários para produzir cada unidade do produto.
Mão de Obra Direta: Inclua os custos de mão de obra diretamente envolvida na produção, como operadores de máquinas ou técnicos.
Distribuição: Considere os custos de embalagem, transporte e armazenamento.

Margem de Lucro:
Objetivo de Lucro: Determine a margem de lucro desejada que permitirá que a empresa seja sustentável e rentável.
Cálculo Final: Adicione a margem de lucro aos custos de produção para obter o preço base.
Defina Seu Preço com Base no Valor Percebido pelo Cliente e na Concorrência

Empreenda com Sucesso: Estratégias Para Vender Mais e Crescer

DETERMINE OS CUSTOS DE PRODUÇÃO

Estudo da Concorrência:
Análise de Preços: Pesquise os preços praticados pelos concorrentes diretos e indiretos no mercado.

Benchmarking: Compare seu produto com o dos concorrentes em termos de qualidade, funcionalidade e benefícios. Determine onde seu produto se posiciona e ajuste o preço de acordo.

Estratégias de Precificação:
Precificação Baseada em Valor: Se o seu produto oferece um valor único e significativo, você pode optar por uma precificação premium.

Precificação Competitiva: Se o mercado é sensível a preços, uma estratégia de precificação competitiva pode ser mais eficaz.

Descontos e Promoções: Considere oferecer descontos introdutórios ou promoções para atrair os primeiros clientes e aumentar a adesão inicial.

Empreenda com Sucesso: Estratégias Para Vender Mais e Crescer

Anotações

Empreenda com Sucesso: Estratégias Para Vender Mais e Crescer

Anotações

Empreenda com Sucesso: Estratégias Para Vender Mais e Crescer

CAPÍTULO 4
MARKETING E VENDAS

Empreenda com Sucesso: Estratégias Para Vender Mais e Crescer

CRIE SUA MARCA

A CRIAÇÃO DE UMA MARCA FORTE É FUNDAMENTAL PARA SE DESTACAR NO MERCADO E ATRAIR CLIENTES. VAMOS EXPLORAR COMO ESCOLHER UM NOME E LOGO, E DEFINIR A IDENTIDADE VISUAL DA SUA MARCA.

Escolha um Nome e Logo

Nome da Marca:

Relevância: Escolha um nome que reflita a essência do seu negócio e seja fácil de lembrar.

Simplicidade: Nomes curtos e simples são mais fáceis de lembrar e pronunciar.

Disponibilidade: Verifique a disponibilidade do nome como domínio de website e em plataformas de redes sociais.

Logo:

Design Profissional: Invista em um designer gráfico profissional para criar um logo que represente sua marca de maneira eficaz.

Simbolismo: O logo deve transmitir os valores e a personalidade da sua marca.

Versatilidade: O logo deve funcionar bem em diversos tamanhos e formatos, desde cartões de visita até banners de websites.

Empreenda com Sucesso: Estratégias Para Vender Mais e Crescer

DEFINA A IDENTIDADE VISUAL DA SUA MARCA

Cores:
Paleta de Cores: Escolha uma paleta de cores que reflita a identidade da sua marca. Cores diferentes evocam emoções diferentes (por exemplo, azul para confiança, vermelho para paixão).
Consistência: Use as mesmas cores em todos os materiais de marketing para criar uma identidade coesa.

Tipografia:
Fonte Principal: Escolha uma fonte principal que seja legível e adequada para a sua marca.
Fonte Secundária: Tenha uma fonte secundária para complementar a principal e para usos específicos, como títulos e subtítulos.

Estilo Visual:
Imagens e Gráficos: Defina um estilo para as imagens e gráficos que utilizará em seus materiais de marketing. Considere o uso de fotografias profissionais, ilustrações ou ícones.
Layout e Design: Estabeleça diretrizes para o layout e design de seus materiais de marketing para garantir uma aparência consistente.

Empreenda com Sucesso: Estratégias Para Vender Mais e Crescer

ESTRATÉGIAS DE MARKETING

IMPLEMENTAR ESTRATÉGIAS DE MARKETING EFICAZES É CRUCIAL PARA ATRAIR E RETER CLIENTES. VAMOS EXPLORAR COMO UTILIZAR REDES SOCIAIS, E-MAIL MARKETING, PUBLICIDADE ONLINE E PARTICIPAR DE FEIRAS E EVENTOS.

UTILIZE REDES SOCIAIS, E-MAIL MARKETING E PUBLICIDADE ONLINE

Empreenda com Sucesso: Estratégias Para Vender Mais e Crescer

REDES SOCIAIS:

Plataformas Relevantes: Identifique as plataformas de redes sociais mais relevantes para o seu público-alvo (por exemplo, **Instagram, Facebook, LinkedIn**)

Conteúdo Engajador: Crie e compartilhe conteúdo relevante e engajador, como posts, vídeos e stories. Interaja com seus seguidores respondendo a comentários e mensagens.

Anúncios Pagos: Utilize anúncios pagos para alcançar um público maior e segmentado.

E-mail Marketing:

Lista de E-mails: Construa uma lista de e-mails de clientes e potenciais clientes interessados.

Campanhas de E-mail: Envie campanhas de e-mail regulares com informações úteis, ofertas especiais e novidades sobre a sua empresa.

Automação: Utilize ferramentas de automação de e-mail para enviar mensagens personalizadas com base no comportamento e nas preferências dos clientes.

Empreenda com Sucesso: Estratégias Para Vender Mais e Crescer

PUBLICIDADE ONLINE:

Google Ads: Crie campanhas de Google Ads para aparecer nos resultados de busca relevantes.
Redes Sociais: Utilize as ferramentas de publicidade das redes sociais para criar anúncios segmentados.
Remarketing: Implante campanhas de remarketing para alcançar visitantes do site que não realizaram uma compra.
Participe de Feiras e Eventos

Feiras do Setor:
Identifique Eventos: Pesquise e identifique feiras e eventos do setor que sejam relevantes para o seu negócio.
Preparação: Prepare um estande atraente com materiais promocionais, amostras de produtos e informações sobre sua empresa.
Networking: Utilize esses eventos para fazer networking, conhecer novos clientes e parceiros, e obter feedback direto.

Eventos Locais:
Feiras Comunitárias: Participe de feiras comunitárias e eventos locais para aumentar a visibilidade da sua marca na sua área.
Patrocínios: Considere patrocinar eventos locais para aumentar o reconhecimento da marca e demonstrar seu apoio à comunidade.

Empreenda com Sucesso: Estratégias Para Vender Mais e Crescer

CONSTRUÇÃO DE UM SITE WEB

UM SITE WEB É FUNDAMENTAL PARA ESTABELECER SUA PRESENÇA ONLINE E FACILITAR O ACESSO ÀS INFORMAÇÕES SOBRE SEU NEGÓCIO. VAMOS EXPLORAR A IMPORTÂNCIA DO SITE E OS PASSOS PARA CRIÁ-LO.

Empreenda com Sucesso: Estratégias Para Vender Mais e Crescer

IMPORTÂNCIA DO SITE WEB

Presença Online:
Disponibilidade: Um site permite que os clientes encontrem informações sobre seu negócio 24 horas por dia, 7 dias por semana.
Credibilidade: Ter um site profissional aumenta a credibilidade e confiança na sua marca.

Informações Essenciais:
Quem Você É: Inclua uma página "Sobre Nós" para apresentar sua empresa e sua equipe.
O que Você Oferece: Descreva seus produtos ou serviços em detalhes.
Como Entrar em Contato: Forneça informações de contato claras, incluindo um formulário de contato, e-mail e número de telefone.
Passos para Criar um Site

Escolha um Nome de Domínio:
Memorável: Escolha um nome de domínio que seja fácil de lembrar e relacionado ao nome da sua empresa.
Disponível: Verifique a disponibilidade do domínio e registre-o o quanto antes.

Empreenda com Sucesso: Estratégias Para Vender Mais e Crescer

IMPORTÂNCIA DO SITE WEB

Presença Online:
Disponibilidade: Um site permite que os clientes encontrem informações sobre seu negócio 24 horas por dia, 7 dias por semana.
Credibilidade: Ter um site profissional aumenta a credibilidade e confiança na sua marca.

Informações Essenciais:
Quem Você É: Inclua uma página "Sobre Nós" para apresentar sua empresa e sua equipe.
O que Você Oferece: Descreva seus produtos ou serviços em detalhes.
Como Entrar em Contato: Forneça informações de contato claras, incluindo um formulário de contato, e-mail e número de telefone.
Passos para Criar um Site

Escolha um Nome de Domínio:
Memorável: Escolha um nome de domínio que seja fácil de lembrar e relacionado ao nome da sua empresa.
Disponível: Verifique a disponibilidade do domínio e registre-o o quanto antes.

Empreenda com Sucesso: Estratégias Para Vender Mais e Crescer

IMPORTÂNCIA DO SITE WEB

Utilize Plataformas como WordPress ou webagatha.com:
Fácil de Usar: Escolha uma plataforma de criação de sites que seja fácil de usar, mesmo sem conhecimentos avançados de programação.
Flexibilidade: As plataformas como WordPress oferecem muitos temas e plugins que permitem personalizar seu site de acordo com suas necessidades.

Inclua Informações Essenciais:
Home Page: Crie uma página inicial atraente que resuma quem você é e o que oferece.
Páginas de Produtos/Serviços: Detalhe cada produto ou serviço em páginas dedicadas.
Página de Contato: Inclua uma página de contato com todas as informações necessárias para que os clientes possam entrar em contato facilmente.
Adicione uma Seção de Blog:
Conteúdo Útil: Compartilhe artigos úteis, notícias e atualizações da sua empresa.
SEO: Um blog bem mantido melhora o SEO do seu site, ajudando-o a aparecer mais alto nos resultados de busca.

Empreenda com Sucesso: Estratégias Para Vender Mais e Crescer

Anotações

Empreenda com Sucesso: Estratégias Para Vender Mais e Crescer

Anotações

Empreenda com Sucesso: Estratégias Para Vender Mais e Crescer

CAPÍTULO 5
GESTÃO E CRESCIMENTO

Empreenda com Sucesso: Estratégias Para Vender Mais e Crescer

GESTÃO DE NEGÓCIOS

GERENCIAR EFICIENTEMENTE SEU NEGÓCIO É FUNDAMENTAL PARA GARANTIR A SUSTENTABILIDADE E O CRESCIMENTO A LONGO PRAZO. VAMOS EXPLORAR COMO ORGANIZAR SUAS FINANÇAS E MONITORAR SUAS MÉTRICAS-CHAVE PARA MANTER SEU NEGÓCIO NO CAMINHO CERTO.

Importância da Organização Financeira:
Controle Financeiro: Manter suas finanças organizadas ajuda a entender a saúde financeira do seu negócio e tomar decisões informadas.
Conformidade Legal: Uma boa gestão financeira garante que você esteja em conformidade com as leis e regulamentos fiscais, evitando problemas legais.

Utilização de Softwares de Contabilidade:
Facilidade e Precisão: Softwares de contabilidade como QuickBooks, Xero ou Wave permitem automatizar tarefas financeiras, como emissão de faturas, controle de despesas e reconciliação bancária.
Relatórios Financeiros: Esses softwares geram relatórios financeiros detalhados, como balanços, demonstrativos de lucros e perdas, e fluxos de caixa, que são essenciais para entender o desempenho do seu negócio.
Acesso e Segurança: A maioria dos softwares de contabilidade oferece acesso seguro e remoto aos dados financeiros, permitindo que você gerencie suas finanças de qualquer lugar.

Empreenda com Sucesso: Estratégias Para Vender Mais e Crescer

MONITORE SUAS MÉTRICAS: VENDAS, LUCROS, SATISFAÇÃO DO CLIENTE

Métricas de Vendas:
Volume de Vendas: Acompanhe o número de unidades vendidas e o valor total das vendas. Isso ajuda a entender quais produtos ou serviços estão tendo melhor desempenho.
Taxa de Conversão: Monitore a taxa de conversão de leads em clientes para avaliar a eficácia das suas estratégias de marketing e vendas.

Métricas de Lucros:
Margem de Lucro: Calcule a margem de lucro bruta e líquida para entender a rentabilidade do seu negócio.
Custo de Aquisição de Cliente (CAC): Acompanhe quanto você está gastando para adquirir novos clientes e compare isso com o valor de vida do cliente (LTV).

Satisfação do Cliente:
Feedback de Clientes: Utilize pesquisas de satisfação, avaliações online e feedback direto para medir a satisfação dos clientes.
Net Promoter Score (NPS): Este índice mede a probabilidade de seus clientes recomendarem seu negócio a outros, oferecendo uma visão clara da lealdade do cliente.

Análise de Dados: Analise regularmente os dados coletados para identificar tendências, problemas e oportunidades de melhoria.

Empreenda com Sucesso: Estratégias Para Vender Mais e Crescer

EXPANSÃO

EXPANDIR SEU NEGÓCIO É UM SINAL POSITIVO DE CRESCIMENTO E SUCESSO. VAMOS EXPLORAR COMO VOCÊ PODE EXPLORAR NOVAS LINHAS DE PRODUTOS OU SERVIÇOS E CONSIDERAR A EXPANSÃO PARA NOVOS MERCADOS OU REGIÕES.

EXPLORE NOVAS LINHAS DE PRODUTOS/SERVIÇOS

Empreenda com Sucesso: Estratégias Para Vender Mais e Crescer

PESQUISA E DESENVOLVIMENTO

Identificação de Oportunidades: Realize pesquisas de mercado para identificar novas oportunidades de produtos ou serviços que complementem sua oferta atual.
Inovação: Incentive a inovação dentro da sua equipe para desenvolver ideias criativas e viáveis.

Teste e Validação:
Protótipos: Crie protótipos ou versões iniciais dos novos produtos ou serviços e teste-os internamente.
Feedback de Clientes: Lance uma versão beta para um grupo seleto de clientes e colete feedback para ajustar e melhorar a oferta.

Lançamento no Mercado:
Marketing: Desenvolva uma campanha de marketing específica para o lançamento do novo produto ou serviço.
Promoções: Ofereça promoções ou descontos introdutórios para atrair clientes e gerar interesse inicial.

Empreenda com Sucesso: Estratégias Para Vender Mais e Crescer

CONSIDERE EXPANDIR PARA NOVOS MERCADOS OU REGIÕES

Pesquisa de Mercado:
Análise de Viabilidade: Realize uma análise de viabilidade para identificar mercados ou regiões com demanda potencial para seus produtos ou serviços.
Concorrência: Estude a concorrência local e as preferências do consumidor para adaptar sua estratégia de entrada.

Estratégias de Entrada:
Parcerias Locais: Considere formar parcerias com empresas locais para facilitar a entrada e ganhar credibilidade.
Filiais ou Franquias: Avalie a possibilidade de abrir filiais ou franquias em novos mercados para expandir sua presença física.

Marketing Localizado:
Campanhas Locais: Desenvolva campanhas de marketing adaptadas às preferências culturais e de consumo da nova região.

Eventos Locais: Participe de eventos locais para aumentar a visibilidade e construir relacionamentos com a comunidade.

Expandir seu negócio, seja através de novas linhas de produtos ou serviços ou pela entrada em novos mercados, exige pesquisa, planejamento e execução cuidadosa. Essas estratégias podem proporcionar novas fontes de receita e aumentar a presença da sua marca.

Empreenda com Sucesso: Estratégias Para Vender Mais e Crescer

ATUALIZE SEU SITE REGULARMENTE

MANTER SEU SITE ATUALIZADO É ESSENCIAL PARA GARANTIR QUE ELE CONTINUE A SER UMA FERRAMENTA EFICAZ DE MARKETING E VENDAS. VAMOS EXPLORAR A IMPORTÂNCIA DA ATUALIZAÇÃO DE CONTEÚDO E COMO UTILIZAR SEO PARA MELHORAR O RANKING NOS MOTORES DE BUSCA.

Relevância e Atualidade:
Conteúdo Recente: Adicione regularmente novos conteúdos ao seu site, como artigos de blog, estudos de caso, notícias e atualizações da empresa.
Atualizações: Revise e atualize as informações existentes para garantir que elas estejam sempre corretas e relevantes.

Engajamento do Usuário:
Interatividade: Adicione elementos interativos, como quizzes, enquetes e fóruns de discussão, para aumentar o engajamento dos visitantes.
Feedback: Utilize formulários de feedback para coletar opiniões e sugestões dos usuários sobre o conteúdo do site.

Desempenho do Site:
Velocidade de Carregamento: Otimize a velocidade de carregamento do site para melhorar a experiência do usuário e reduzir a taxa de rejeição.

Empreenda com Sucesso: Estratégias Para Vender Mais e Crescer

ATUALIZE SEU SITE REGULARMENTE

Pesquisa de Palavras-Chave:
Identificação: Use ferramentas como Google Keyword Planner e SEMrush para identificar palavras-chave relevantes para o seu negócio.
Integração: Integre essas palavras-chave estrategicamente em títulos, meta descrições, URLs e no corpo do texto.

Otimização On-Page:
Título e Meta Descrição: Crie títulos e meta descrições atraentes e otimizados para SEO.
Tags de Cabeçalho: Use tags de cabeçalho (H1, H2, H3) para estruturar o conteúdo e melhorar a legibilidade.

Conteúdo de Qualidade:
Valor Informativo: Produza conteúdos de alta qualidade que respondam às perguntas e necessidades dos usuários.
Atualização Regular: Atualize e expanda regularmente o conteúdo existente para mantê-lo relevante.

Link Building:
Backlinks: Construa uma rede de backlinks de sites confiáveis e relevantes para aumentar a autoridade do seu site.
Links Internos: Use links internos para guiar os visitantes através do seu site e melhorar a navegação.

Empreenda com Sucesso: Estratégias Para Vender Mais e Crescer

CONCLUSÃO

Iniciar seu próprio negócio na França pode ser desafiador, mas também é uma jornada gratificante. Com planejamento cuidadoso, dedicação constante e uma forte presença **online** através de um site bem construído, você estará no caminho certo para alcançar o sucesso. Gerenciar suas finanças com cuidado, monitorar métricas essenciais, explorar oportunidades de expansão e manter seu site atualizado são estratégias cruciais que garantirão que você esteja preparado para enfrentar desafios e aproveitar oportunidades. Ao seguir essas diretrizes, você estará bem posicionado para garantir o crescimento sustentável e o sucesso de seu negócio.

Boa sorte em sua jornada empreendedora!

Empreenda com Sucesso: Estratégias Para Vender Mais e Crescer

QUER APRENDER MAIS?

Conheça minha mentoria onde ensino na prática todas formas de ganhar mais clientes!

- Mentoria completa
- Planilha de controle
- Exercícios e desafios

WWW.JANDERSONDANTAS.COM

Anotações

Anotações

Empreenda com Sucesso: Estratégias Para Vender Mais e Crescer

Anotações

Empreenda com Sucesso: Estratégias Para Vender Mais e Crescer

Anotações

Empreenda com Sucesso: Estratégias Para Vender Mais e Crescer

Anotações

Empreenda com Sucesso: Estratégias Para Vender Mais e Crescer

Anotações

Empreenda com Sucesso: Estratégias Para Vender Mais e Crescer

Anotações

Empreenda com Sucesso: Estratégias Para Vender Mais e Crescer

Anotações

Empreenda com Sucesso: Estratégias Para Vender Mais e Crescer

Anotações

Empreenda com Sucesso: Estratégias Para Vender Mais e Crescer

Anotações

Empreenda com Sucesso: Estratégias Para Vender Mais e Crescer

Anotações

Empreenda com Sucesso: Estratégias Para Vender Mais e Crescer

www.ingramcontent.com/pod-product-compliance
Lightning Source LLC
Chambersburg PA
CBHW071953210526
45479CB00003B/927